I0430152

10 trucs et astuces pour consommer moins de carburant

Martin KURT

 # SOMMAIRE

REMERCIEMENTS

Je tiens à vous remercier pour la confiance que vous me portez en achetant aujourd'hui mon ouvrage. Je tiens également à remercier Cyril, pour l'image de couverture de ce livre, ainsi que l'ensemble de mes proches qui m'ont aidé de près ou de loin à la réalisation de ce livre.

J'espère que cet ouvrage vous apportera entière satisfaction dans votre projet de **consommer moins de carburant** afin de vous aider à économiser jusqu'à 30% de carburant (soit 500€ de pouvoir d'achat en plus tous les ans) et de **limiter votre impact sur l'environnement**.

Si vous avez une remarque, une question, n'hésitez pas à me contacter depuis mon blog eco-malin.com. Cela me permettra de vous aider dans vos projets et d'améliorer la qualité de cet ouvrage en tenant compte de vos remarques. **Bonne lecture.**

À PROPOS DE LA SYNTAXE

Ce livre a été relu avec le logiciel Antidote 8. La correction orthographique a été réalisée suivant les rectifications orthographiques du français de 1990.

Ceci est la raison pour laquelle certains mots du livre sont orthographiés différemment de leur forme habituelle.

MARTIN KURT

AVERTISSEMENT

Je souhaite vous fournir dans cet ouvrage la meilleure information possible pour vous aider à consommer le moins de carburant possible, afin de réaliser des économies en carburant et faire un geste pour l'environnement.

Malgré tous les efforts que j'ai réalisés pour écrire ce livre, des erreurs ou imprécisions peuvent subvenir. Les éléments contenus dans cet ouvrage sont donc écrits à titre informatif uniquement et doivent être considérés comme tels. L'auteur ne sera en aucun cas responsable des éventuels préjudices, matériels ou moraux, pouvant découler de l'utilisation des informations présentées dans ce livre.

Par ailleurs, les conseils que vous allez lire dans ce livre sont généraux et peuvent de ce fait être inapplicables dans certains cas de figure. Par exemple, si vous êtes sur le périphérique parisien en heure de pointe, il vous sera sans doute difficile de conduire dans de bonnes conditions de sécurité, donc mieux vaut consacrer 100% de votre attention sur la sécurité plutôt que sur les économies de carburant. Si les économies de carburant sont importantes, elles ne doivent pas se faire au détriment de votre sécurité.

MARTIN KURT

INTRODUCTION

Le saviez-vous ? Contrairement à ce que pense la majorité d'entre vous, une voiture coute en moyenne près de 6 000 euros par an en France. En effet, outre le carburant et les péages, il faut prendre en compte l'usure de la voiture, l'assurance, l'entretien, les frais de parking…

Certes, les voitures sont très pratiques. Mais elles coutent très cher, polluent, et sont dangereuses, comme l'atteste le fait que 4 000 personnes périssent encore chaque année sur les routes françaises…

Les 10 techniques que vous allez voir au cours de ce livre vous aideront à économiser de l'argent, en limitant votre consommation de carburant :(jusqu'à -30%) et votre budget transport de façon plus large. Elles vous aideront également à adopter une conduite plus sure, à perdre moins de temps dans les transports et à être moins stressé au volant.

Vous êtes prêt(e)s ? Alors en route vers une conduite plus efficace et plus respectueuse de l'environnement.

Truc n°1 :

Entretenez bien votre voiture

« Un bon ouvrier a de bons outils » dit l'adage populaire. Si vous voulez conduire de façon plus efficace, vous devez avoir une voiture bien entretenue. Inutile d'avoir des gadgets couteux ou une voiture neuve pour consommer moins de carburant, lisez et mettez simplement en pratique les conseils que vous allez lire maintenant.

Allégez votre voiture

Une loi physique affirme que $E = \frac{1}{2} m*v^2$ (E = énergie, M = masse, V = vitesse). Cela signifie qu'à vitesse constante, plus votre véhicule est lourd, plus il consomme de carburant. Ce qui est en soi logique, vous avez déjà dû remarquer une surconsommation de carburant lorsque vous roulez avec votre voiture qui est très chargée.

Pour consommer moins de carburant, pensez à alléger votre véhicule au maximum. Dès lors, videz tout ce qui est inutile dans votre voiture comme :

- **Les cartes routières** dont vous ne vous servez pas

- **Le bazar qui traine dans votre coffre** depuis des lustres et dont vous ne vous servez pas, par exemple les chaines à neige que vous stockez dans votre voiture, les CD que vous n'écoutez pas...

Même si vous n'allégez votre voiture que de quelques kilogrammes, vous ferez des économies de carburant. Bien sûr, l'économie est minime, et vous ne vous en rendrez pas compte. Mais comme le dit l'adage populaire, **les petits ruisseaux font les grandes rivières**.

Même si vous ne gagnez que quelques kilomètres par plein ainsi, cette économie de carburant, même minime, vous aidera à économiser des dizaines/centaines d'euros sur la durée de vie de votre voiture. **Pensez-y.**

Enlevez vos barres de toit

Les barres de toit sont très pratiques pour stocker de nombreuses affaires dans une galerie lorsque vous partez en vacances, mais aussi pour reconnaitre votre voiture sur un parking.

Les barres de toit ont toutefois deux inconvénients majeurs :

- **Les barres de toit ajoutent du poids à votre véhicule,** donc cela fait augmenter votre consommation de carburant comme nous venons de le voir précédemment.

- **Les barres de toit, même bien pensées, diminuent l'aérodynamisme de votre véhicule,** donc augmentent votre consommation de carburant.

Plus vous roulez vite, plus la résistance à l'air de votre véhicule augmente. Dit autrement, si vous roulez en ville, la surconsommation liée à vos barres de toit sera minime.

Par contre, sur des trajets sur nationale ou sur autoroute, vos barres de toit feront nettement augmenter votre consommation de carburant.

Pour ces deux raisons (poids et perte d'aérodynamisme), je vous invite à n'installer vos barres de toit que lorsque vous en avez besoin et à les démonter dès que vous n'en avez plus besoin. Vous économiserez jusqu'à 7,5% de carburant.

 **Économies à la clé : 100€***

* *La méthode de calcul des économies réalisées se situe en fin de l'ouvrage*

Entretenez bien vos pneus

La majorité des voitures en France ont des pneus sous-gonflés, car la plupart des automobilistes ne vérifient pas assez souvent la pression de leurs pneus. Or, la pression d'un pneu a tendance à décroître avec le temps… Peut-être est-ce le cas de votre voiture ?

Sachez qu'un pneu sous-gonflé a de nombreuses conséquences négatives incluant notamment :

- Usure prématurée du pneu
- Une conduite moins fiable
- Surconsommation de carburant

Pour limiter votre consommation de carburant, pensez à revérifier régulièrement la pression de vos pneus et pas uniquement avant les longs trajets. Lorsque vous irez à la station de vérification de la pression des pneus, pensez à gonfler au maximum de la fourchette recommandée, cela vous permettra d'économiser jusque 2 à 5% de carburant.

 **Économies à la clé :** 30 à 50 €*

Faites vérifier votre moteur

Sans rentrer dans un long cours de chimie, une voiture à essence/diésel utilise l'énergie mécanique qui provient elle-même de l'énergie chimique de la combustion du carburant. Si la combustion de votre carburant est imparfaite, le rendement de votre voiture sera moins bon ce qui entrainera une surconsommation de carburant.

Pour éviter cela, pensez à vérifier de temps en temps auprès de votre garagiste la composition de vos gaz d'échappement, surtout si vous avez un vieux véhicule.

Si la teneur en CO_2 de votre échappement est élevée et la teneur en CO (le CO, aussi connu sous le nom de monoxyde de carbone est un gaz synonyme de combustion incomplète et est très dangereux) est très faible ou nulle, parfait. Votre moteur fonctionne parfaitement. Si la teneur de votre échappement en CO est élevée, demandez à votre garagiste de régler le moteur de façon à augmenter le taux de CO_2 et diminuer votre taux de CO.

À retenir

Pour consommer moins de carburant, pensez à :

- Alléger votre voiture de tout poids inutile.

- Retirer vos barres/coffre de toit dès que vous n'en avez plus besoin.

- Bien gonfler et bien entretenir vos pneus.

- Bien entretenir votre voiture, notamment votre moteur.

Truc n°2:

Conduisez sans stress

Après avoir mis en pratique les différents conseils de la première partie, vous disposez désormais d'un véhicule en bon état de marche : pas de poids inutile, des pneus bien gonflés et en bon état, pas de barres de toit et un moteur qui tourne rond.

Outre une voiture en bon état, il vous est possible de consommer moins de carburant en modifiant votre style de conduite et votre état d'esprit.

Évitez de conduire de façon sportive

Une conduite sportive implique jusqu'à 40% de surconsommation de carburant. Nous verrons dans ce livre plusieurs techniques simples à mettre en place pour adopter une conduite souple et efficace, et sobre en carburant. Mais pour conduire de façon souple, il ne faut pas être stressé.

Je ne sais pas pour vous, mais même si je sais que conduire de façon sportive n'a aucun intérêt (aucun gain de temps, surconsommation de carburant, risque accru d'accident), lorsque je suis en retard à un rendez-vous, je n'arrive pas à être zen au volant… Lorsque j'étais étudiant, un jour j'étais en retard et mon groupe de travail m'avait mis la pression.

Bilan : j'ai embouti une voiture lors d'un créneau « sportif », ce qui m'a couté 200 euros…

Prévoyez des marges de sécurité

Bref, pour pouvoir adopter une conduite souple et détendue et consommer moins de carburant, je vous conseille les choses suivantes :

- **Trajets courts :** Partez 15 ou 20 minutes plus tôt pour avoir une importante marge de sécurité. Comme vous saurez disposer d'une importante marge de sécurité, vous ne stresserez pas à chaque feu rouge et pourrez conduire de façon calme et détendue.

Si votre trajet se déroule comme prévu, vous arriverez avec un quart d'heure d'avance, ce qui vous laissera le temps de souffler, de passer un coup de fil, de lire le journal…

Et si jamais vous avez un imprévu – vous partez en retard, il y a des bouchons… - vous stresserez d'autant moins.

- **Trajets longs :** Si vous êtes amené à faire un trajet long – par exemple partir en vacances à l'autre bout de la France – ne vous donnez aucun **objectif de temps**.

Rien ne sert de vous mettre inutilement la pression et de prendre le risque de courir un accident. Si vous avez un objectif impératif, préférez utiliser un transport en commun rapide – de type TGV ou avion – à la voiture, ou prévoyez une très grande marge de sécurité – plusieurs heures au minimum.

Bref, rien ne sert de vous énerver, de klaxonner ou d'insulter le conducteur de devant qui est trop lent à votre gout. L'adage le dit : **« Rien ne sert de courir, il faut partir à point »**

Lorsque vous conduisez, prévoyez d'importantes marges de sécurité ou pour les longs trajets, ne vous fixez aucun objectif horaire pour votre arrivée. **Conduisez de façon zen.**

Et lors de vos trajets, pensez à vous faire plaisir. Votre voiture est votre second « chez vous » : Musique, Nourriture, Parfums, décor intérieur…

Soyez un conducteur courtois

Vous l'avez sans doute remarqué, un grand nombre de conducteurs sont plutôt agressifs au volant. Cela ne sert pourtant à rien. Être agressif ne fait pas avancer les choses et nuit à votre propre bonheur. Ne serait-ce que d'un point de vue égoïste, soyez un conducteur courtois pour ne pas vous faire du mouron inutilement.

Lorsqu'il y a un petit embouteillage, ne klaxonnez pas. Profitez du beau temps, du paysage ou profitez de l'arrêt pour respirer profondément en écoutant votre musique préférée, vous ne verrez plus le temps perdu.

Soyez amical : Lorsque vous voyez un piéton vouloir traverser, laissez le traverser. La perte de temps est minime voir nulle, notamment s'il y a un feu rouge, car vous serez de toute façon bloqué. Alors laissez passer le piéton, surtout que les voitures doivent s'arrêter pour laisser les piétons en l'absence de feu piéton. De même, est-ce un réel sacrifice de ralentir pour laisser le passage à la voiture qui tente péniblement de sortir d'un parking et dont personne ne lui laisse le passage ?

Vous n'êtes pas seul sur la route : même si l'immense majorité des conducteurs ne savent pas utiliser correctement le clignotant (notamment dans les rondpoints) pensez à signaler vos intentions de conduite aux conducteurs qui vous suivent. Économiser sa consommation de carburant, c'est bien, mais faire économiser son carburant à autrui en leur permettant d'anticiper votre conduite, c'est sympa aussi.

Bref, soyez cool au volant. Vous verrez : les gens vous feront généralement un geste amical en retour, contribuant à la bonne humeur. **Et tout le monde est gagnant au final.**

Tout ceci peut vous paraitre évident, mais dans la pratique, comment faire pour ne pas vous énerver quand il y a ce « con de devant traine », ou « cet abruti qui ne sait pas conduire » ?

C'est assez simple :

- **Si vous prenez d'importantes marges de sécurité,** vous serez moins victime de stress que si vous courez contre la montre.

- **Faites de longues et profondes inspirations et expiration** pour vous détendre

- **Faites quelque chose qui vous fait plaisir :** écouter votre musique préférée...

- **Apprenez à relativiser les choses.**

- **Faites comme bouddhistes,** qui arrivent à garder leur calme quelle que soit leur situation... Dites-vous que vous ne pouvez pas changer les autres, mais seulement votre manière de voir le monde

- **Lors des longs trajets, évacuez la fatigue et le stress** en faisant régulièrement des pauses.

- À retenir

« Rien ne sert de courir, il faut partir à point » dit l'adage populaire. Pour conduire de façon sure et limiter votre consommation de carburant, pensez à :

- Prendre une importante marge de sécurité pour pallier aux inévitables imprévus (retard, feu rouge, bouchons…)

- Soyez zen au volant. Vous énervez est improductif et ne fera qu'envenimer la situation

Truc n°3 :
Roulez à allure constante

Après avoir lu mes deux premiers conseils, vous avez compris que pour consommer moins de carburant, les deux principes fondamentaux sont **d'avoir un véhicule en bon état** et **d'être détendu au volant** pour conduire de façon sereine.

Pour vous aider à économiser du carburant, nous allons désormais voir des techniques de conduite pour limiter votre consommation de carburant. La première de cette technique est : **« ayez le pied léger ».**

Adoptez une vitesse la plus stable possible

Si vous roulez en vélo, vous savez sans doute que la meilleure manière de ne pas vous fatiguer est de rouler à une vitesse relativement constante, il ne vous viendra sans doute pas à l'idée d'accélérer un bon coup, de ralentir, de ré accélérer...

En voiture, le principe reste le même. Essayez d'adopter une vitesse la plus stable possible pour économiser du carburant.

Sur route

N'hésitez donc pas à utiliser votre régulateur de vitesse dès que possible, notamment lors de conduite sur route. Vous pouvez économiser jusque 8% de carburant ainsi. Si vous n'avez pas de régulateur de vitesse, essayez d'adopter une vitesse constante dans la mesure du possible.

Économies à la clé : 120 €*

En ville

En ville, le régulateur de vitesse est moins utile, car entre les piétons, les priorités à droite, les bouchons et les feux rouges, adopter une vitesse constante est plus difficile. Vous pouvez toutefois limiter vos variations de vitesse afin de limiter votre consommation de carburant.

Pour limiter les variations de vitesse, voici quelques techniques que je vous invite à mettre en pratique :

Ne collez pas le conducteur de devant.

« Coller un conducteur », outre le risque d'accident accru, implique une conduite sportive. Si le conducteur accélère, vous accélérez, s'il ralentit, il ralentit. Or, une conduite sportive peut faire consommer jusqu' à 40% de carburant par rapport à une conduite souple.

À la place, à titre personnel, je conduis toujours avec une importante distance de sécurité, la distance de sécurité me permettant de lisser les variations de vitesse des conducteurs qui me précèdent afin de rouler à allure la plus constante possible.

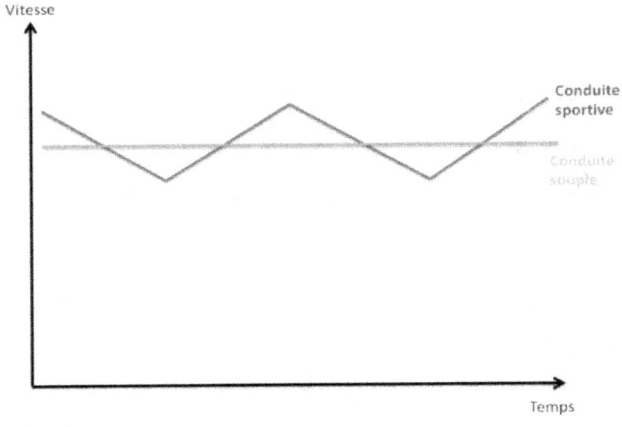

Vous pouvez me dire : oui, mais ce n'est pas toujours possible, si je laisse une importante distance de sécurité, les gens qui sont derrière moi vont me doubler. Laissez-les vous doubler, il ne faut pas stresser pour si peu…

Si le conducteur de derrière vous colle

Si le conducteur de derrière vous colle, ne laissez pas le stress de ce chauffard vous envahir, et gardez votre style de conduite souple sans accélérer pour autant. À la limite, tentez (si cela ne vous met pas en danger) de lever légèrement le pied, voire de donner un tout petit coup de frein pour actionner vos feux arrière, sans pour autant donner un grand coup de frein (le but n'est pas de vous faire emboutir).

Le but ici sera de ralentir pour permettre au chauffard pressé de vous doubler plus rapidement, et pour vous de vous débarrasser de ce pot de colle.

Autres possibilités pour vous débarrasser d'un conducteur qui vous colle :

- **Nettoyez allègrement votre part brise arrière** afin que le liquide nettoyant retombe sur le parebrise avant de la voiture qui vous colle.

- **Vous pouvez mettre en route vos feux de position** pour allumer vos feux arrière et indiquer votre intention de freiner auprès du conducteur qui vous colle.

- **Soyez philosophe,** et ne réagissez pas au stress du chauffard. Rien ne sert de vous mettre en danger inutilement.

À retenir

Pour économiser du carburant, essayez de rouler à une vitesse la plus constante possible en prévoyant une importante distance de sécurité. Votre conduite souple pourra toutefois inévitablement des conducteurs impatients qui vous « colleront » dont vous pourrez vous « débarrasser » en ralentissant afin de les aider à vous dépasser.

Enfin, freiner implique de devoir ré accélérer par la suite, donc de surconsommer de carburant. Préférez lever le pied plutôt que de freiner dans la mesure du possible.

Truc n°4 :
Apprenez à anticiper

Comme nous venons juste de le voir, rouler à une vitesse la plus constante possible est une des principales techniques à utiliser afin de limiter votre consommation de carburant.

Outre le maintien d'une distance de sécurité conséquente, pour ne pas conduire « à flux tendu », apprendre à anticiper le comportement des autres automobilistes/piétons/cyclistes/feux rouges vous aidera à économiser d'importantes quantités de carburant. **Explications.**

Anticipez les feux rouges

Il faut le savoir : votre voiture, sauf si elle est électrique/hybride, consomme le plus de carburant (litres/100 km) lorsqu'elle est à l'arrêt ou sur des petits rapports (première ou deuxième vitesse). Il n'y a qu'à afficher la consommation instantanée pour vous en rendre compte.

Afin de limiter votre consommation de carburant, tentez donc de limiter le nombre de fois où vous serez bloqué au feu rouge…

- Si vous voyez un feu rouge au loin, il ne sert à rien de maintenir vos 50 km/h pour freiner au dernier moment, car cela use inutilement vos plaquettes de frein et redémarrer au feu vert vous fera surconsommer du carburant.

À la place, préférez lever le pied.

Il y a deux cas de figure :

- Le feu repasse au vert entre temps. Comme vous avez encore de la vitesse, vous aurez besoin de moins accélérer pour retrouver votre vitesse normale, donc c'est autant de carburant économisé. En outre, si la route est à deux voies, vous pouvez dans certains cas, comme vous avez encore de la vitesse, dépasser les voitures agglutinées au feu rouge (si vous pouvez dépasser la file à l'arrêt sur la voie de gauche) et gagner ainsi du temps.

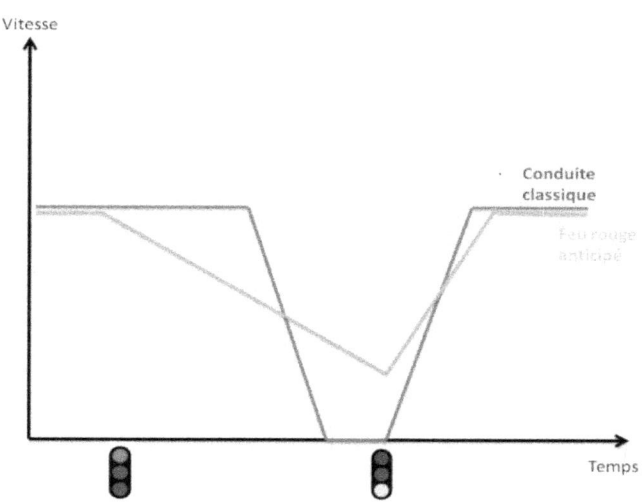

- Deuxième possibilité : le feu reste au rouge : Vous serez vous aussi bloqué par le feu rouge. Vous avez malgré tout économisé du carburant, car vous resterez moins longtemps à l'arrêt et vous aurez limité votre consommation de carburant en levant le pied par anticipation du feu rouge.

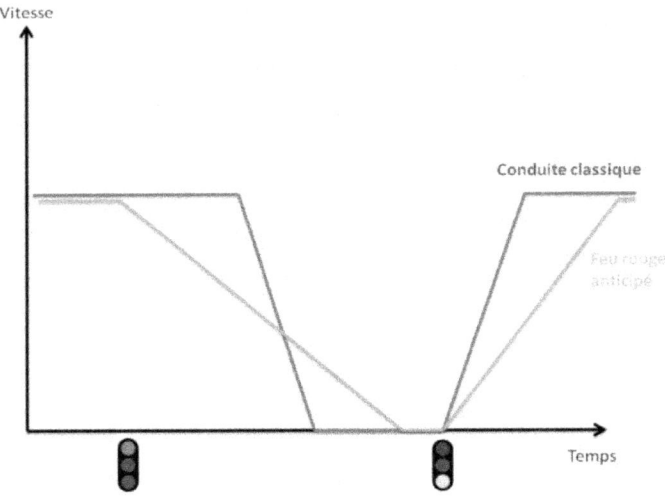

Truc 1 : Si le feu est vert depuis longtemps, les probabilités qu'il passe au rouge sont fortes. Vous pouvez anticiper la possibilité d'un feu rouge en levant très légèrement le pied même si vous voyez un feu vert au loin.

Si votre anticipation est juste, vous aurez économisé du carburant. Si votre anticipation est fausse, vous n'aurez qu'à accélérer très légèrement pour retrouver votre vitesse de croisière.

Truc 2 : Lorsque vous conduisez, n'hésitez pas, si le trafic vous le permet, de jeter un coup d'œil sur les feux autour de vous.

- Vous voyez au loin un feu rouge. Vous voyez que le feu de circulation de la route adjacente passe à l'orange. Vous pouvez en déduire que vous aurez bientôt un feu vert. Adaptez votre conduite en fonction de cette information.

- Vous avez le feu vert, mais voyez le feu du passage piéton de votre sens de circulation passer au rouge. Vous pouvez en déduire que votre feu passera bientôt au rouge, donc vous pouvez lever le pied par anticipation du feu rouge.

Truc 3 : Si vous connaissez la durée d'un feu rouge (c'est souvent le cas pour un trajet que vous effectuez régulièrement comme le trajet pour rejoindre votre lieu de travail) et savez être bloqué au minimum 30 secondes (par exemple si vous arriverez au début du feu ou si une dizaine de voitures sont bloquées avant vous au feu rouge), il peut être intéressant de couper le moteur le temps de votre arrêt. En dessous de 30 secondes, ce n'est pas intéressant (les 30 secondes de carburant économisé ne sont pas suffisantes pour compenser la surconsommation de carburant lors de la remise en route de votre moteur).

N.B : Cette technique est à utiliser avec modération et seulement si votre batterie est en bon état de marche. Pour avoir abusé de cette technique, je me suis retrouvé un jour dans l'incapacité de redémarrer (batterie morte) et dans l'obligation de devoir appeler la dépanneuse…

Anticipez les gares de péage

Lorsque vous roulez sur autoroute, les gares de péages sont généralement plusieurs kilomètres à l'avance. Rien ne sert de maintenir une vitesse de 130 km/h jusqu'au bout pour ensuite freiner au cours des 300 derniers mètres. Mieux vaut au contraire lever le pied progressivement (tout en maintenant une vitesse décente) afin de limiter votre consommation de carburant.

Par exemple, si vous roulez à 120 km/h, vous pouvez lever le pied et viser 110 km/h 2 000 mètres avant le péage, puis 90/100 km/h 1 000 mètres avant, 70 km/h 500 mètres avant, 50 km/h 200 mètres avant, 40 km/h 100 mètres avant.

En agissant ainsi, vous limiterez votre consommation de carburant - lorsque vous levez le pied, votre consommation de carburant est proche de 0 - tout en conduisant de façon plus souple.

Anticipez les villages

Pensez à lever le pied plusieurs centaines de mètres avant d'arriver dans la zone limitée à 50 km/h de façon à ce que votre vitesse ne soit que de 50 km/h lorsque vous entrez dans le village sans même avoir à freiner.

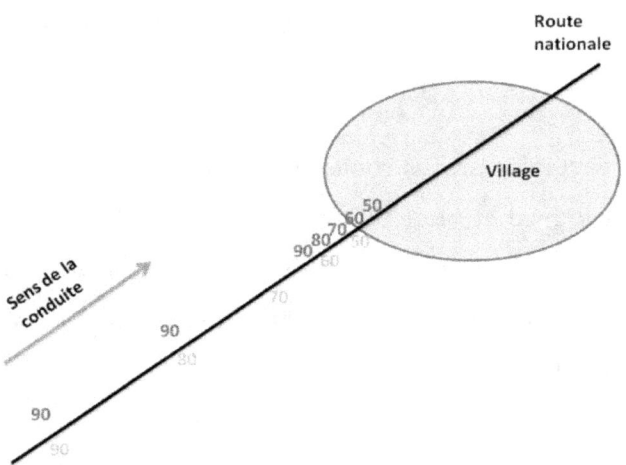

Anticipez le relief

Si vous faites du vélo, généralement, vous allez utiliser les descentes pour prendre de l'élan et gravir plus facilement les montées. En voiture, c'est la même chose. Lorsque la route sur laquelle vous circulée est vallonnée, apprenez à anticiper le relief pour limiter votre consommation en carburant.

Si vous voyez par exemple une descente suivie d'une montée sur une route nationale ou sur autoroute, utilisez la descente pour accélérer au maximum de la vitesse recommandée et être dans de bonnes dispositions pour la montée tout en limitant votre consommation de carburant.

Par exemple, sur autoroute, je roule généralement à 110 km/h. Lors d'une descente, j'utilise la descente pour accélérer à 130 km/h (accélérer en descente consomme moins de carburant qu'accélérer à plat) et dans la montée qui suit, j'utilise mon élan au début de la montée et limite ensuite ma vitesse à 100 km/h.

L'élan en début de la montée et ma vitesse réduite (mais acceptable) par la suite me permet de limiter ma consommation de carburant.

Autre exemple : Cela m'est déjà arrivé d'être bloqué à un stop derrière une dizaine de voitures arrêtées, dans un faux plat descendant. Lorsqu'une voiture franchit l'intersection, la file de voitures derrière avance de quelques mètres pour se retrouver à nouveau bloqué. Plutôt que de laisser mon moteur tourner à vide, j'ai préféré couper mon moteur, et utiliser la gravité pour avancer au pas, au rythme du bouchon, sans utiliser une goutte de carburant.

Anticipez le comportement des autres conducteurs

Anticipez la conduite des autres conducteurs afin d'adopter une conduite sure et économe en carburant. Par exemple, si vous avez une priorité à droite sans grande visibilité, mieux vaut lever le pied par anticipation que de devoir freiner au dernier moment, car vous devez laisser passer un véhicule que vous n'avez pas vu venir.

Autre exemple, sur l'autoroute, lorsqu'il y a beaucoup de camions, le risque est d'être bloqué par des camions sur la file de droite dans l'impossibilité de doubler, car votre vitesse est trop lente. Cela vous fera perdre du temps, mais également surconsommer du carburant lorsque vous accélèrerez rapidement pour doubler le camion.

Pour éviter ce problème, anticipez les doublements de poids lourds, afin de ne pas vous laisser surprendre, et disposer de suffisamment de temps pour choisir la meilleure conduite possible en fonction de la situation.

À retenir

Pour économiser du carburant, je vous invite à anticiper les feux rouges/feux verts, afin de rouler à une allure la plus constante possible.

Vous pouvez également anticiper les gares de péages, les villages lorsque vous roulez sur nationale ou encore le relief.

Enfin, pensez également à anticiper et à prendre en compte la conduite des autres conducteurs, afin de rouler en toute sécurité.

Truc n°5

Roulez à la bonne vitesse

Lorsque vous roulez en milieu extra-urbain (routes nationales et/ou autoroute) en cinquième vitesse, sachez que plus vous roulez vite, plus vous consommerez de carburant.

Voici pour vous une illustration que je trouve très intéressante, à savoir la courbe de consommation en carburant sur une Golf III TDI 90 CV sur sol plat, vitesse stabilisée, et moteur chaud.

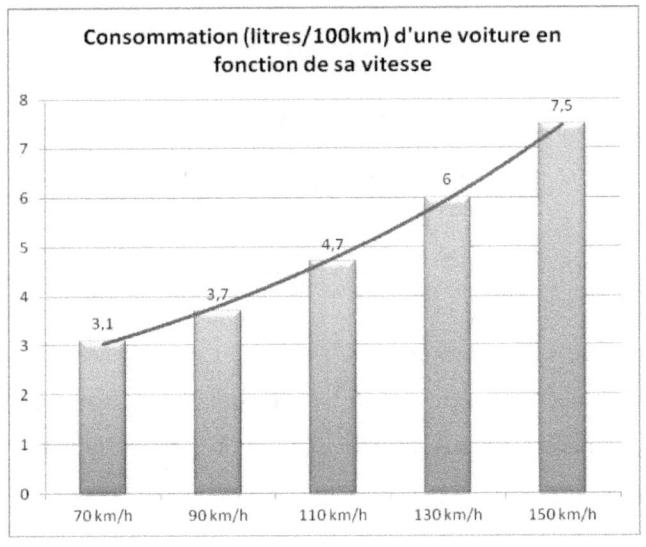

Comme vous pouvez le voir, plus vous roulez vite avec une Golf III (mais cela reste vrai avec n'importe quel véhicule), plus vous consommerez de carburant. En effet, les frottements à l'air d'une voiture augmentent avec le carré de sa vitesse. Dit autrement, passer de 70 km/h à 140 km/h multiplie par 4 la résistance de votre voiture à l'air, donc sa consommation de carburant.

Roulez moins vite

Pour consommer moins de carburant, il existe donc une technique très simple : roulez moins vite. Outre l'économie de carburant, rouler moins vite vous évitera la peur du gendarme, donc de rouler en étant moins stressé.

C'est bien beau ce que vous dites, mais je n'ai pas le temps de trainer quand je roule, allez-vous me dire. Comme je vous l'indiquais précédemment dans le livre, rien ne sert de courir, il faut partir à point. Prenons l'exemple d'un trajet de 100 km.

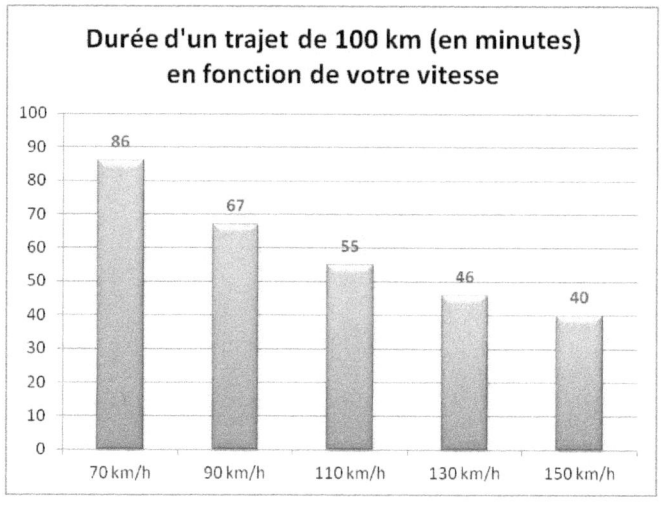

Comme vous pouvez le voir, plus vous allez vite, moins le gain de temps est important et plus votre surconsommation de carburant sera grande...

Passer de 130 km/h à 150 km/h vous fera gagner 6 minutes sur votre trajet, mais consommer 1,5 litre de carburant en plus (soit plus de 2€ de carburant). Dit autrement, pour économiser 1 heure, vous êtes prêt à consommer plus de 20€ de carburant, prendre des risques d'accident ou de retrait de point. **Le jeu en vaut-il la chandelle ? Êtes-vous vraiment à 6 minutes près ?**

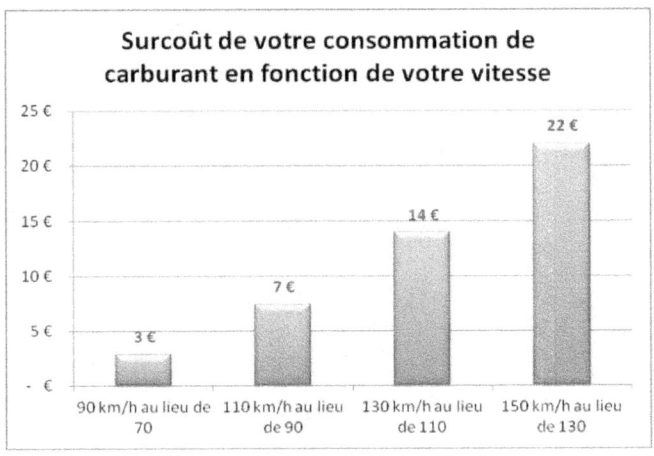

Lecture : *Rouler à 130 km/h au lieu de 110 vous permet de gagner 9 minutes sur un trajet de 100 km, mais augmentera votre consommation de 1,3 litres/100, soit 2€ de carburant. Rouler à 130 km/h au lieu de 110 vous coute donc 14€ pour chaque heure de trajet économisée.*

Pour cette raison, lorsque je suis sur l'autoroute, je roule généralement à 110 km/h quand bien même la vitesse maximale autorisée est de 130 km/h. Je préfère en effet « perdre » 1 heure au volant que payer 14€ de carburant en plus pour pouvoir rouler à 130 km/h... Et en plus, rouler à 110 km/h est beaucoup moins dangereux qu'à 130 km/h.

Nationale ou autoroute ?

Lors des trajets extra-urbains, la majorité des gens utilisent l'autoroute pour se déplacer. C'est un choix qui a du sens : le risque d'accident mortel est 5 fois plus faible que sur route nationale et cela vous permet de rouler vite. Mais les autoroutes coutent très cher, entre la consommation accrue de carburant à grande vitesse et les péages.

Lorsque j'étais étudiant, je me rappelle avoir effectué en rentrant d'un séjour au ski le trajet Annecy/Dijon (environ 250 km) par la nationale plutôt que par l'autoroute. J'ai passé environ 1h30 de plus à rouler, mais j'ai économisé 20€ de péages, ainsi que 10€ de carburant (trajet 20 km plus court par nationale + moindre consommation de carburant, car vitesse plus lente sur nationale que sur autoroute).

J'ai ainsi économisé 20€ de l'heure NETS D'IMPÔTS (30€ de moins en péage et carburant moyennant 1h30 de trajet en plus).

À retenir

Rouler vite vous permet certes de gagner du temps, mais cela a un cout important :

- Surconsommation de carburant
- Risque accru d'accidents
- Risques d'amendes et de perte de points

Préférez rouler à une allure plus lente par exemple rouler à 110 km/h au lieu de 130. La perte de temps est généralement minime et les gains de carburants sont importants.

MARTIN KURT

Truc n°6 :

Roulez au bon régime moteur

Sans rentrer dans de longues explications mécaniques, les voitures actuellement disposent toutes d'une boite de vitesse.

Chaque vitesse (aussi appelée rapport de transmission ou **rapport**) a été conçue pour un **cadre d'utilisation** donné.

Le premier rapport est celui disposant de la plus forte puissance, mais ne vous permet pas d'aller vite. Au contraire plus vous montez dans les rapports, moins la voiture a de puissance, mais plus vous pouvez aller vite.

Pour cette raison :

- Lorsque vous voulez démarrer, vous vous mettez en première, qui est le rapport qui offre le plus de puissance.

- Lorsque vous voulez aller vite ou à une vitesse stabilisée, vous augmentez votre rapport

- À l'inverse, si votre moteur manque de puissance (par exemple de montée), vous rétrogradez d'un ou de plusieurs rapports pour augmenter votre puissance.

Utilisez le rapport optimal

Ce qu'il faut savoir, c'est que chaque rapport dispose d'une plage d'utilisation optimale (exprimée en tours par minute) où le rendement du moteur est maximum. En dehors de cette plage optimale, vous serez soit en **surrégime**, ce qui provoquera une surconsommation de carburant, soit en **sous-régime**, ce qui provoquera un manque de puissance de la part de votre voiture et une surconsommation de carburant si vous décidez d'accélérer.

Pour économiser du carburant :

- **Roulez toujours au bon régime**, et n'attendez pas pour monter d'une vitesse, faites-le dès que possible, afin de consommer moins de carburant.

- **Chaque véhicule est différent.** N'hésitez pas à afficher la consommation instantanée pour comparer quel rapport est le moins gourmand en carburant dans un contexte donné.

- **En montée, n'hésitez pas à rétrograder** afin d'augmenter la puissance de votre véhicule. J'ai déjà remarqué une économie de 20 à 25% de carburant lorsque je monte une côte à 10% en troisième vitesse plutôt qu'en quatrième.

- **En ville, si votre vitesse peut-être stabilisée** (vous roulez dans un grand axe dégagé), n'hésitez pas à vous mettre en 4ème pour une vitesse stabilisée de 50 km/h ou en 5ème pour une vitesse stabilisée de 70 km/h afin d'économiser du carburant. Si vous avez besoin de reprise, rétrogradez.

- **Sur nationale ou sur autoroute, lorsque vous roulez en vitesse stabilisée, vous devez rouler sur votre rapport maximum (5ème ou 6ème vitesse).**

Bien sûr, en cas de montée, de dépassement de véhicule ou d'intense trafic, il vous faudra vous adapter à la situation.

À retenir

Pour ne pas user prématurément votre véhicule et faire des économies de carburant, pensez lorsque vous roulez à choisir le bon rapport sur votre boite à vitesse. Si le rapport optimal dépend de nombreux paramètres (modèle de votre voiture, morphologie de la route, état de la circulation…), retenez simplement que pour consommer le moins de carburant possible, en général :

Augmentez d'un rapport lorsque vous stabilisez votre vitesse, diminuez d'un rapport quand vous avez besoin de puissance (besoin de dépassement, côte à monter…)

En vitesse stabilisée, roulez en quatrième en ville, et sur votre rapport maximal en milieu extra-urbain. **En roulant au bon régime moteur, vous pourrez économiser jusqu'à 150 euros de carburant par an. Pensez-y ;)**

MARTIN KURT

Truc n°7:
Bien accélérer

Choisir sa bonne vitesse est important pour limiter votre consommation de carburant et l'usure de votre véhicule. Seul problème : les petits rapports (première et deuxième vitesse) sont aussi les plus gourmands en carburant, avec une consommation de carburant qui peut dépasser les 20/30 voire 40 litres aux 100 km.

L'idéal pour économiser du carburant est de savoir anticiper les feux rouges pour tenter de garder une vitesse la plus constante possible, de préférence sur le troisième rapport. Mais que faire si vous êtes à l'arrêt ?

- Mieux vaut-il accélérer rapidement, pour atteindre rapidement le troisième rapport au risque de faire vrombir le moteur et faire exploser votre consommation instantanée ?

- Ou mieux vaut accélérer lentement, au risque de rester plus longtemps sur les petits rapports qui, comme nous l'avons vu sont gourmands en carburant ?

Accélérer franchement vous aide à économiser du carburant

La réponse est le juste milieu entre ces deux extrêmes. Lorsque vous redémarrez, mieux vaut accélérer franchement afin de rapidement pouvoir enclencher le troisième ou le quatrième rapport, moins gourmands en carburant plutôt que d'accélérer trop lentement.

En effet, sachant qu'une voiture consomme son minimum à 70 km/h en moyenne, rouler à 30 km/h pollue plus en moyenne qu'à 40, à 40 plus qu'à 50. Il est donc préférable accélérer vite quitte à polluer beaucoup d'un coup pour rapidement atteindre un rapport plus élevé.

Pour autant, je ne vous dis pas d'accélérer comme une brute en faisant crisser vos pneus. La conduite sportive est dangereuse et provoque une surconsommation de carburant. Accélérez de façon franche, rapide et graduelle, tout en laissant une distance de sécurité avec le véhicule vous précédent (quitte à rouler à 40 km/h au lieu de 50) afin de rouler à une allure constante.

À retenir

Les variations de vitesse, les petits rapports et les arrêts provoquent une surconsommation de carburant. Lorsque vous êtes amené à accélérer, accélérez franchement, ni trop ni trop peu afin de rapidement atteindre des rapports plus élevés, ce qui vous permettra de stabiliser votre vitesse et de diminuer votre consommation de carburant.

Truc n°8:

Fenêtre ou climatisation ?

En été, lorsqu'il fait chaud, il existe seulement 2 solutions pour vous permettre d'avoir moins chaud : **ouvrir les fenêtres** ou utiliser la **climatisation de votre véhicule** (si votre voiture dispose d'un système de climatisation). Quelle que soit la solution choisie, elle engendrera une surconsommation de carburant.

Solution 1 : Ouvrir les fenêtres

Lorsque vous ouvrez les fenêtres de votre véhicule, cela fait augmenter votre consommation de carburant, car ouvrir les fenêtres diminue légèrement l'aérodynamisme de votre voiture. Jusqu'à 100 km/h, rouler les fenêtres ouvertes entraine une surconsommation de carburant de l'ordre de 3%. Plus vous roulez vite, plus la surconsommation est importante.

Solution 2 : Utiliser la climatisation

La climatisation entraine une surconsommation de carburant de l'ordre de 25 à 40% en ville contre 6% de plus sur autoroute.

Fenêtre ou climatisation : que choisir ?

De manière générale, la climatisation implique une importante surconsommation de carburant. Préférez ouvrir les fenêtres à la climatisation. En ville cela représente jusque 4€ d'économies de carburant pour 100 km parcourus.

Toutefois, au-delà de 100 km/h, vous pouvez utiliser la climatisation, car elle entrainerait une surconsommation de carburant moins importante que d'ouvrir les fenêtres.

 **Économies à la clé :** 4 €/100 km*

À retenir

En été, ouvrir les fenêtres ou utiliser la climatisation entraine une surconsommation de carburant. Limitez la chaleur de votre véhicule afin de limiter votre besoin d'ouverture des fenêtres ou de climatisation.

Pour cela, vous pouvez choisir un emplacement de parking à l'ombre (en prévoyant la rotation du soleil), utiliser un pare-soleil pour réfléchir la lumière du soleil et éviter que votre voiture ne se transforme en fournaise ou encore désactiver la climatisation automatique, afin d'être sûr que votre climatiseur ne se mette pas en route inutilement.

Une fois que vous serez dans votre voiture : aérez votre voiture avant de démarrer pour évacuer un maximum de chaleur. Préférez ouvrir les fenêtres lorsque vous roulez en ville ou sur nationale.

En limitant l'utilisation de votre climatisation, vous pourrez économiser jusque 25% de carburant. Pensez-y.

Truc n°9:
Le covoiturage

Même avec la meilleure volonté du monde, rouler polluera toujours. Si vous roulez dans une voiture traditionnelle, la combustion du carburant rejette des gaz à effet de serre. Et même si vous roulez dans une voiture électrique, il a fallu de l'énergie pour produire votre voiture, la batterie de votre voiture… Quant à l'électricité que vous consommerez, il a fallu des centrales nucléaires et thermiques pour la produire… Pour consommer moins de carburant et faire un important geste pour l'environnement, mais aussi faire de belles économies, **ayez le réflexe du covoiturage.**

Le covoiturage, c'est quoi ?

La majorité des voitures circulent avec 1 ou 2 passagers à bord seulement. Partant de ce principe, le covoiturage est une manière de mutualiser votre voiture avec d'autres passagers.

Le principe est simple : le conducteur « covoitureur » propose un trajet en indiquant :

- Le lieu de départ et d'arrivée
- Les villes intermédiaires desservies
- L'heure de départ
- Le prix par passager
- Les préférences du covoitureur : musique ou non, espace fumeur ou non-fumeur…

Le covoiturage : avantages et inconvénients

Pour le conducteur, le covoiturage permet de faire des économies de carburant et de ne pas s'ennuyer en conduisant seul, en ayant des passagers avec qui discuter.

À titre personnel, j'ai commencé à utiliser le covoiturage en 2009 lorsque j'étais encore étudiant. Le covoiturage m'avait alors permis d'économiser près de 50€ par mois et de m'offrir, avec les économies réalisées, un petit séjour au ski... En été 2012, j'ai économisé 90€ en proposant une place de covoiturage sur www.covoiturage.fr entre Nancy et Aix-en-Provence lors de mes vacances. Quant à ma passagère, cela lui a permis de gagner du temps et de l'argent. Le même aller/retour en train aurait couté près de 200€...

Quant au bilan environnemental du covoiturage, il fut **excellent**. 4 litres/100 km pour 3 passagers à bord, l'équivalent de 1,3 litres/100 km par passager... **Imbattable**

Le covoiturage, est-ce dangereux ?

Beaucoup de personnes ont un peu peur du covoiturage dans le fait de monter dans la voiture d'un(e) inconnu(e) ou de faire monter des inconnu(e)s dans leur voiture.

Ces craintes sont infondées. À la fin d'un trajet, les principaux sites de covoiturage donnent la possibilité aux covoiturés de donner un avis sur le conducteur, et réciproquement. Si une personne cumule les avis négatifs, elle sera rapidement *blacklistée*...

Enfin, avant d'accepter un covoituré si vous êtes conducteur ou de choisir un conducteur si vous êtes covoituré, vous pouvez consulter les avis des personnes qui vous ont précédé pour savoir si votre conducteur/covoituré est quelqu'un de fiable, et éviter les mauvaises surprises.

À retenir

Le covoiturage permet au conducteur comme aux covoiturés de se déplacer en polluant moins (une voiture avec cinq passagers pollue moins que cinq voitures avec un passager à bord) tout en faisant des rencontres intéressantes et de belles économies à la clé. **Alors, ayez le réflexe covoiturage.**

MARTIN KURT

Truc n°10:
Autres conseils

Pour finir ce livre et vous aider à consommer toujours moins de carburant, vous trouverez dans cette dernière partie plusieurs techniques intéressantes que voici :

#1 : Préchauffer votre voiture ne sert à rien

#2 : Pulse and Glide

#3 : Rouler à l'huile

#4 : Pensez Eco-mobilité

1. Préchauffer votre voiture ne sert à rien

Même au cœur de l'hiver, contrairement aux idées reçues, il ne sert strictement à rien de préchauffer votre voiture à part polluer et gaspiller inutilement du carburant. Il est également inutile de mettre en route votre moteur dès que vous rentrez dans la voiture. Les 30 secondes où le moteur tourne pendant que vous mettez votre ceinture sont du gaspillage de carburant.

La meilleure chose à faire pour économiser du carburant, c'est de vous installer (ceinture de sécurité, radio…) et de ne mettre en route votre moteur que lorsque vous êtes prêt à démarrer. Enfin, s'il fait froid (en hiver), roulez lentement et tout en douceur au cours des 10 premières minutes, le temps que votre moteur devienne chaud et atteigne ses performances optimales.

2. Pulse and Glide

Comme nous l'avons vu précédemment au cours de ce livre, chaque rapport de boite à vitesse a un régime optimal (tour/minute optimal), qui ne correspond pas toujours à vos besoins de performance ou de vitesse. Partant de ce postulat, le « pulse and glide » (pousser et glisser en français) est une technique de conduite qui vise à exploiter au mieux les capacités de votre moteur, là où le rendement est maximal, afin d'économiser du carburant.

Imaginons que vous rouliez à 90 km/h. Si vous avez un vieux véhicule où l'injection n'est pas électronique, il vaut mieux dans certains cas alterner des cycles de légère accélération (de 80 à 100 km/h par exemple) et de débrayage (100 km/h jusque 80) qu'une vitesse purement constante. Le besoin d'énergie de votre voiture est certes plus élevé qu'une conduite à allure constante, mais votre moteur ayant un bien meilleur rendement, vous pouvez théoriquement économiser jusque 27% de carburant soit plusieurs centaines d'euros par an.

À titre personnel, pour avoir pratiqué le pulse and glide par le passé, j'ai pu constater qu'il est possible de rouler plusieurs centaines de mètres voire kilomètres sans utiliser le moteur, simplement avec l'inertie et un faux plat descendant. C'est assez impressionnant. Si vous souhaitez en savoir plus sur le pulse and glide, je vous invite à consulter les sites Internet suivants :

- **bit.ly/1sAFTUz**

Un excellent article sur la conduite Pulse and Glide.

- **bit.ly/1lwyphs** :

Un autre excellent article.

3. Roulez à l'huile

Après une courte période d'euphorie, les biocarburants ont désormais mauvaise presse, étant accusés de provoquer la déforestation et de mettre en concurrence la production agricole avec la production de carburant, provoquant une montée des prix des produits agricoles dangereuse pour les pays les plus pauvres. Sans compter le problème des pesticides.

Pour autant, de plus en plus de personnes disposant d'un véhicule à diésel décident de rouler à l'huile (huile de tournesol ou de colza), notamment de l'huile végétale recyclée.

Tournesols, dont on peut en tirer de l'huile végétale comme biocarburant

Il faut dire qu'à l'origine, tous les moteurs diésel étaient conçus pour rouler à l'huile végétale, la même que celle que vous mettez dans votre vinaigrette. Il vous est donc possible, si vous disposez d'un vieux véhicule diésel sans injection électronique, de rouler avec jusque 30% d'huile végétale dans votre réservoir sans modification du moteur (au-delà, le mélange huile/diésel ne sera pas assez fluide)

Bon à savoir 1 : Rouler à l'huile est autorisé par les textes européens, mais est théoriquement illégal en France.

Bon à savoir 2 : Renseignez vous avant de rouler à l'huile, concernant quelles huiles utilisées, dans quelle proportion, quelle huile choisir (l'huile de tournesol fige à -15°C en hiver contre -10 à -2°C pour le colza…), si cela peut causer du souci à votre voiture…

Pour en savoir plus

Pour en savoir plus, je vous invite à lire les articles suivants :

- **bit.ly/1jvnLKu**

Rouler à l'huile : pour ou contre

- **bit.ly/1lwySjM**

Rouler à l'huile : mode d'emploi

- **bit.ly/1mAvOHs**

Kit boite à gant pour rouler à l'huile

- **Oliomobile.org**

Site communautaire des conducteurs roulant à l'huile

4. Pensez eco-mobilité

Prendre la voiture, c'est bien, mais même avec la meilleure volonté du monde, la voiture demeure un mode de transport gourmand en espace (étalement urbain, places de parking...), polluant et cher. D'ailleurs, lorsque vous roulez en ville, si vous prenez en compte les bouchons, les feux rouges, les ralentissements... la vitesse moyenne n'est que de 17 km/h.

Et si vous prenez en compte le temps de travail nécessaire pour financer votre voiture (essence, usure, assurance, entretien) votre vitesse moyenne n'est que de 10 km/h.

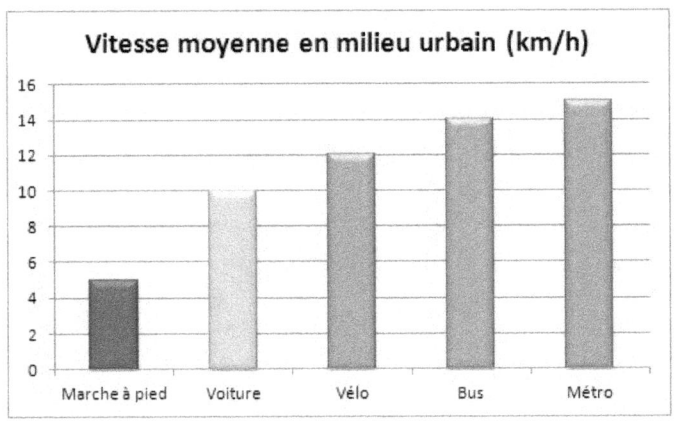

Si la voiture est dans certains cas indispensable :

- **Préférez utiliser au quotidien une petite voiture** quitte à en louer une grosse lorsque vous partez en vacances plutôt que d'utiliser une voiture surdimensionnée à l'année.

- **Préférez utiliser les transports en commun** plutôt que la voiture dans la mesure du possible. Même le TGV au tarif plein s'avère souvent plus économique que se déplacer seul en voiture, comme vous pouvez le voir grâce au fichier **« calculez le cout de votre voiture »** que vous pouvez télécharger en indiquant dans votre navigateur web l'URL suivante : **bit.ly/1nS2f6r**

- **Enfin, pensez à marcher ou à faire du vélo,** surtout lors des beaux jours. Cela vous fera faire des économies de carburant et sera l'occasion de faire un peu d'exercice physique.

Pour l'anecdote, lors d'un stage étudiant dans la banlieue de Dijon, je mettais environ 30 minutes à faire un trajet de 6 km en voiture, contre 15 minutes en vélo…

MARTIN KURT

Conclusion

La voiture est un mode de transport très pratique, mais qui devient de plus en plus onéreux avec le renchérissement du prix des carburants. Outre le prix, la voiture a de nombreux autres inconvénients, comme la pollution qu'elle génère, le réchauffement climatique, les accidents et la crise économique, dans la mesure où le carburant consommé en France est majoritairement importé, contribuant au déficit extérieur de la France.

Dans l'absolu, l'idéal serait d'utiliser uniquement les transports en commun, la marche à pied ou de déménager près de votre lieu de travail pour ne pas avoir à utiliser votre voiture.

Mais ce n'est pas toujours possible de vous passer de la voiture. En revanche, grâce aux 10 trucs et astuces que j'ai partagés avec vous au cours de ce livre, il vous est désormais possible de consommer moins de carburant afin de :

- **Faire un geste pour l'environnement**
- **Retrouver un peu de pouvoir d'achat**
- **Être moins stressé au volant**

Ce livre est désormais terminé. Je vous remercie de l'avoir lu jusqu'au bout et vous souhaite de réussir dans votre objectif de consommer moins de carburant.

Martin Kurt

À PROPOS DE L'AUTEUR

Je m'appelle Martin KURT et je suis diplômé d'un master d'école de commerce. Passionné de voyages, j'ai été amené à beaucoup voyager au cours des dernières années.

Confronté au dilemme entre mon gout pour le voyage et ma conscience écologique, j'ai utilisé tous les moyens à ma disposition - covoiturage, train... - pour limiter au maximum mes trajets en voiture.

J'ai également appris les bases de l'écoconduite ce qui m'a permis de diminuer de 30% ma consommation de carburant - par rapport à une conduite normale - lorsque je conduis et de faire des milliers d'euros d'économies au cours des dernières années.

Afin de vous aider vous aussi à faire des économies d'argent - un bon bol d'air en cette période de crise - et à mieux préserver l'environnement, j'ai décidé de partager mon expérience avec vous en écrivant et en publiant ce livre.

J'espère que ce livre vous a intéressé et... bonne route ;)

SOURCE DES CALCULS

Au cours de ce livre seront indiquées, à simple titre d'information, les économies d'argent que vous allez pouvoir réaliser en mettant les conseils de ce livre en application.

Le calcul de l'argent que vous allez économiser repose sur les postulats suivants :

- Véhicule roulant 14 000 km par an

- Consommation moyenne
  (urbain et extra-urbain) : 7 litres / 100 km

- Prix moyen du carburant : 1,50€ par litre

SOURCE DES IMAGES

Certaines images du livre sont tirées de la banque d'image   istockphoto.com. Les autres images et illustrations ont été réalisées par l'auteur de ce livre.